教科書にでてくる地図記号 ①

まちでみかける地図記号

この本では、国土地理院が定めた「平成25年2万5千分1地形図図式（表示基準）」に掲載されている地図記号を対象にしています。

ほるぷ出版

市役所

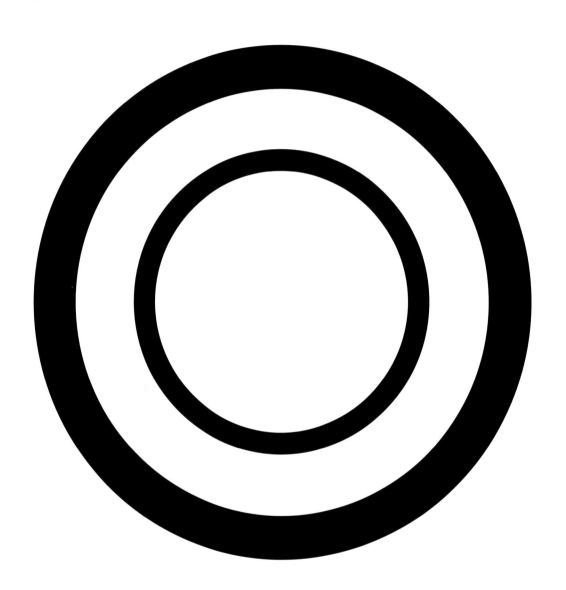

市民のくらしを守るために、さまざまな仕事を行う市役所。地図記号では、太い線と細い線の二重丸であらわします。東京都の区役所も、この記号であらわしています。

地図を見よう！

千葉県千葉市にある千葉市役所。近くには郵便局（〒）、警察署（⊗）などがあります。

※「地図を見よう！」では、地図を1万分1の大きさで掲載しています。

山梨県甲府市の市役所。市の特産物のブドウを育てるときに使う、ブドウだなをイメージしてつくられた建物。

愛知県名古屋市の市役所。西洋と日本のデザインを取り入れた建物は、国の重要文化財に指定されている。

千葉県千葉市の市役所。1970年に建てられた。

関連する記号

町村役場

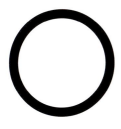

町役場と村役場の地図記号は丸です。札幌市や大阪市、福岡市など全国に20か所ある指定都市の区役所もこの記号であらわします。写真は青森県六ケ所村役場です。

裁判所
（さいばんしょ）

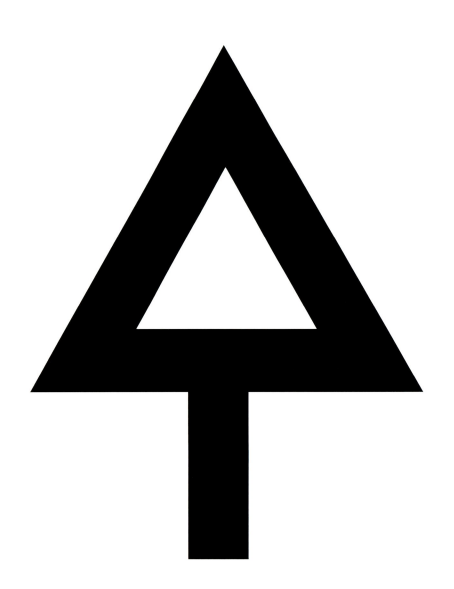

裁判所の記号は、昔、裁判の内容を人々に知らせるために立てられた高札という木の立て札の形がもとになっています。裁判所には、大きく分けて5種類ありますが、この記号は、高等裁判所、地方裁判所、家庭裁判所、簡易裁判所をあらわします。全国で1か所だけの最高裁判所は、記号ではあらわさず、地図上に文字であらわします。

地図を見よう！

福井県福井市の福井地方裁判所。近くに官公署（⚬）、郵便局（〒）、寺（卍）、高等学校（⊗）もあります。

大阪地方裁判所、大阪家庭裁判所は大きなビルの中にある。

小さな建物の神奈川簡易裁判所。

福井地方裁判所と福井家庭裁判所が入った建物。1949年に建てられたりっぱな建物。

関連する記号

税務署

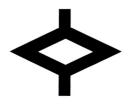

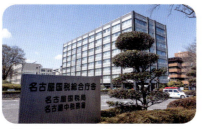

国の税金を集める税務署の地図記号。そろばんの玉の形をあらわしています。

官公署

特定の地図記号がない国の役所に使います。この記号は、漢字の「公」がもとになっています。

警察署

警察署は、くらしの安全を守るために設置されています。警察署をあらわす記号は、丸の中にバツがえがかれています。バツは、昔の警察官が持っていた六尺棒（現在の警棒）を交差させた形をあらわしています。

地図を見よう！

愛知県名古屋市の愛知県警察南警察署。まわりには郵便局（〒）、老人ホーム（⛫）も見られます。

兵庫県芦屋市の芦屋警察署。正面げんかんの部分は、1927年につくられた建築物を保存したもの。

岡山県岡山市の岡山西警察署。細い柱がたくさんならんだ、現代的な建物。

愛知県名古屋市にある、南警察署。6階建ての大きな建物。

関連する記号

交番

警察署の記号から丸を外したものが交番の記号です。交番と派出所、駐在所に使われます。

消防署

この記号は、昔、火事のとき、建物をこわすのに使われていた「さすまた」の形をあらわしています。

病院
びょういん

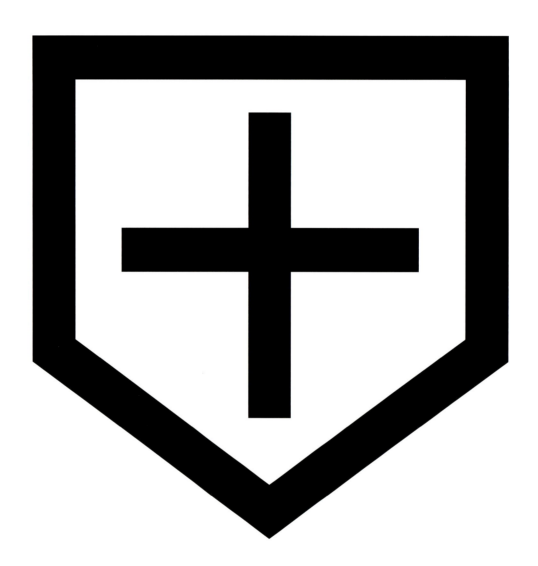

病院の地図記号は、昔、日本の軍隊で、けが人の世話をした衛生隊のマークがもとになっています。地図上に、この記号であらわすのは、「急なけが人や病人に対応できる」、「十分な設備が整っている」など、さまざまな基準をみたした病院だけです。基準をみたしていない病院や医院、診療所は、この記号ではあらわしません。

地図を見よう！

新潟県長岡市にある長岡赤十字病院。東側には畑（∨）が広がり、川ぞいには広葉樹林（Q）が見られます。

神奈川県鎌倉市の湘南鎌倉総合病院。屋上の十字マークは、ヘリコプターで、急なけが人や病人を運びこむとき使うヘリポート。

大阪府大阪市にある松下記念病院。さまざまなけがや病気に対応できる大きな病院。

新潟県長岡市にある長岡赤十字病院。1931年に設立された。

関連する記号

保健所

保健所は地域の人の健康をささえる仕事をするので、病院の記号をもとにした記号であらわします。

老人ホーム

建物とつえを組み合わせた形になっています。小学生が考えた案が採用されました。

郵便局(ゆうびんきょく)

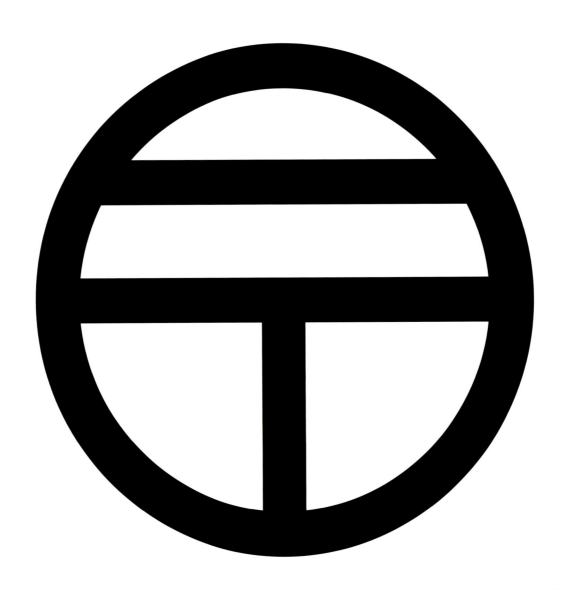

郵便局(ゆうびんきょく)では、手紙(てがみ)や荷物(にもつ)を送(おく)ったり、切手(きって)を買(か)ったり、お金(かね)をあずけたりできます。昔(むかし)は、郵便(ゆうびん)をあつかう役所(やくしょ)を「逓信省(ていしんしょう)」といいました。郵便局(ゆうびんきょく)の地図記号(ちずきごう)は、逓信省(ていしんしょう)の頭文字(かしらもじ)の「テ」を丸(まる)でかこんだものです。

地図(ちず)を見(み)よう!

東京都千代田区(とうきょうとちよだく)にある東京中央郵便局(とうきょうちゅうおうゆうびんきょく)。まわりには交番(こうばん)(X)や、博物館(はくぶつかん)(血)もあります。

東京都多摩市にある多摩郵便局。

三重県の伊勢神宮の近くにある五十鈴川郵便局。木造の郵便局はめずらしい。

東京都千代田区にある東京中央郵便局。

昔の記号

地図記号は時代に合わせて見直され、形を変えていきます。郵便局の記号も変化してきました。

明治24年式2万分1地形図	明治42年式5万分1地形図	昭和17年式5万分1地形図

1891年ごろ	1909年ごろ	1942年ごろ

※地図記号は、何年から何年までと明確に切り替わるわけではなく、上記の年代は目安です。

小中学校
しょうちゅうがっこう

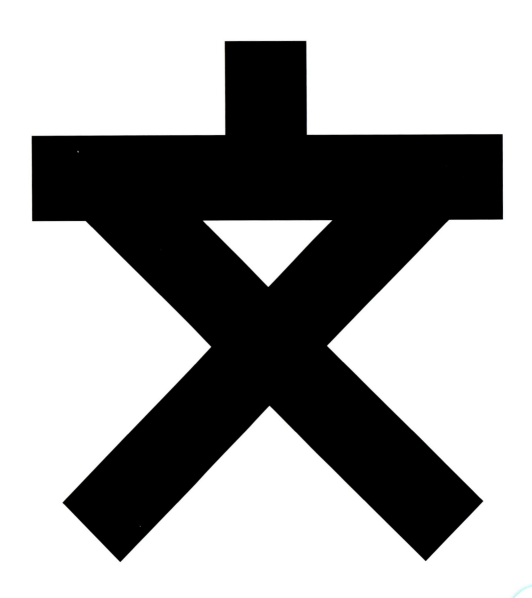

小学校と中学校は、漢字の「文」をもとにした記号であらわします。小学校や中学校は、子どもたちが学ぶための場所ですが、選挙のときは投票所になったり、災害が起きたときには避難所になったりと、まちの住人みんなにとって、大切な場所です。

地図を見よう！

群馬県伊勢崎市立宮郷第二小学校。学校の近くには墓地（⊥）、寺（卍）、電波塔（ゟ）などがあります。

栃木県鹿沼市の鹿沼市立北小学校。木造の2階建て校舎。

海のすぐそばにある、沖縄県の慶留間島の座間味村立慶留間小中学校。

緑の屋根が特徴の群馬県の伊勢崎市にある伊勢崎市立宮郷第二小学校。

関連する記号

高等学校

高等学校は、小中学校と区別するために、「文」の文字を丸でかこんだ記号であらわします。

博物館

博物館の記号は、建物の形をあらわしています。この記号は、2002年につくられたもので、東京都にある、東京国立博物館の入り口がモデルとなりました。美術館や歴史館も、同じ記号であらわします。水族館や動物園、植物園は、記号は使わずに、地図上に文字であらわします。

地図を見よう！

東京国立博物館の近くにあるふたつの博物館の記号は国立科学博物館と国立西洋美術館です。

北海道の小樽市総合博物館。北海道の歴史や自然、鉄道などについての展示を行っている。

兵庫県の赤穂市立歴史博物館。建物の一部は、米蔵が5つならんだつくりになっている。

東京都台東区の東京国立博物館。1872年にできた、日本でいちばん古い博物館。写真の建物は、この博物館の一部である表慶館で、1909年に建てられた。

関連する記号

図書館

図書館をあらわす記号は、本を開いたときの形をもとにしています。図書館の分館には、この記号を使いません。図書館の記号も、博物館の記号と同じように2002年につくられました。写真は、岡山県岡山市の岡山県立図書館です。

神社
じんじゃ

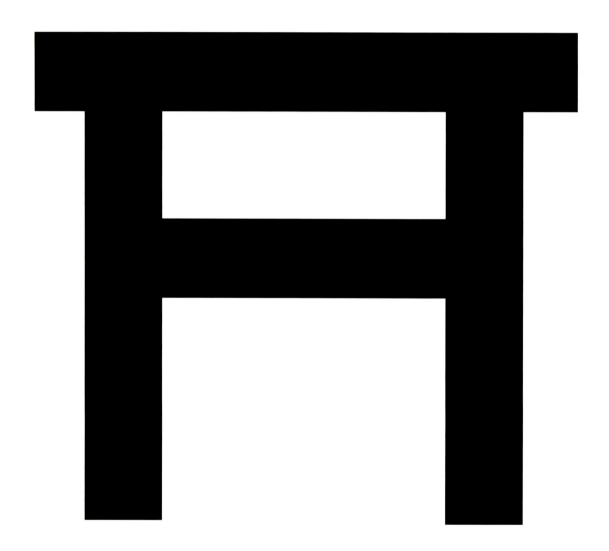

この地図記号の形は、神社の参道にある鳥居がもとになっています。目じるしになる神社に、この地図記号を使います。

地図を見よう!

京都府京都市の「伏見稲荷大社」ですが、まわりにもたくさんの神社や寺の記号があります。

香川県琴平町にある金刀比羅神社は海上安全の神社として知られている。

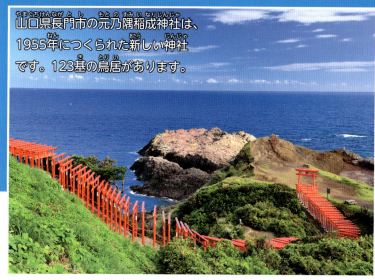

山口県長門市の元乃隅稲成神社は、1955年につくられた新しい神社です。123基の鳥居があります。

京都府京都市の伏見稲荷大社の鳥居。

関連する記号

寺院

卍

寺は、仏教でよいことの前ぶれをあらわすしるしの「卍」を記号の形に使っています。目じるしになる寺にこの記号を使います。右の写真は、東京都台東区の浅草寺です。

墓地
ぼち

墓地に使う記号です。お墓を横から見たときの形をあらわしています。広い墓地は、ほかの地区との境目をはっきりさせるために線でかこみ、この記号をたくさん入れます。

地図を見よう！

東京都港区にある青山霊園のまわりには、寺（卍）、消防署（Y）、官公署（ö）などがあります。

墓地の地図記号は、写真のように、墓石を横から見たところから考えられた。

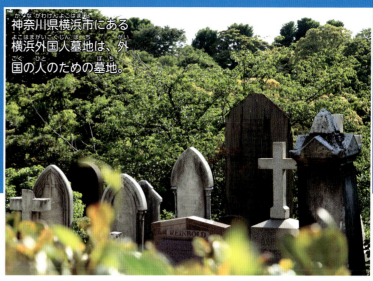

神奈川県横浜市にある横浜外国人墓地は、外国の人のための墓地。

東京都港区の青山霊園は、都会の真ん中にあるので、大きなビルがまわりにあります。

記念碑
きねんひ

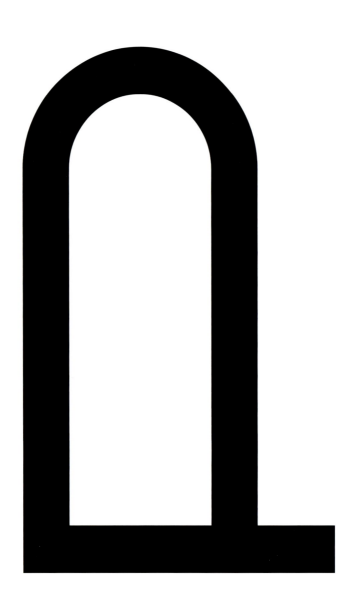

あるできごとや人物を記念して建てられるのが記念碑です。多くの人がおとずれる記念碑や立像で、目じるしになるものに、この地図記号を使います。記念碑を前から見たときの形と、その影をもとにこの記号がつくられました。

地図を見よう!

神奈川県横須賀市久里浜につくられたペリー上陸記念碑。まわりには消防署（Y）もあります。

北海道稚内市の宗谷岬にある間宮林蔵の立像。間宮林蔵は江戸時代の探検家で、北海道などを探検した。

沖縄県竹富島の竹富町にある水道記念碑。1976年に、石垣島から水道をしいたことを記念している。

1853年のアメリカの軍人マシュー・ペリー来航を記念して、神奈川県横須賀市久里浜につくられた記念碑。

関連する記号

自然災害伝承碑

写真提供：国土地理院

津波や洪水、土砂災害などの自然災害が起こったことを伝える石碑や記念碑はこの記号であらわされます。2019年から使用されるようになりました。写真は広島県坂町小屋浦地区の水害碑です。

城跡
しろあと

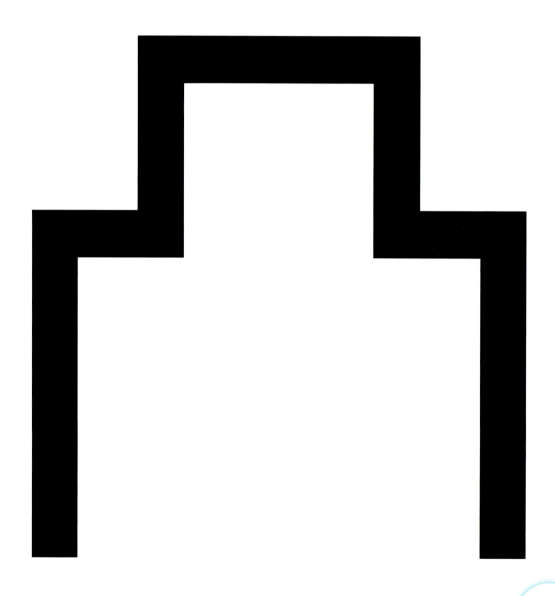

昔、城だった場所で、今も石垣や、城の真ん中のいちばん大きな建物（天守閣）などが残っているものをしめします。この記号は、城をつくるときに縄をはって、土地の境目や建物の位置を決めた「縄ばり」の形を記号にしています。

地図を見よう！

長野県松本市の松本城のまわりには、博物館（血）や市役所（◎）、裁判所（♀）、税務署（◇）があります。

山形県山形市にある山形城。現在は霞城公園という大きな公園になっている。

福島県白河市にある白河小峰城。2011年の東日本大震災では大きな被害を受けてしまったが、現在は修復されている。

長野県松本市にある松本城。中央の大きな天守閣は国宝に指定されている。

松本城にある櫓門。

関連する記号

史跡・名勝・天然記念物

歴史上のできごとがあった「史跡」、景色のすぐれた「名勝」、種類が少なく価値のある「天然記念物」はこの記号であらわされます。写真は広島県広島市にある国の史跡、原爆ドームです。

もっとくわしく！ 使われなくなった地図記号

地図記号はときどき国土地理院によって見直しがおこなわれます。世の中の変化によって、対象となる場所が少なくなったため記号を使わなくなったり、記号ではなく文字であらわすようになったりするからです。ここでは、すでに使われなくなってしまった地図記号を紹介しましょう。

工場

工場の地図記号は、工場にある機械の歯車の形からつくられました。この記号は2013年から使われなくなりました。大きな工場は、文字だけであらわすようになりました。

桑畑

この記号は桑の木を横から見た形をしています。昔は生糸をつくる蚕のえさとなる桑畑がたくさんありました。生糸の産業がさかんでなくなったため、この記号は2013年から使われなくなりました。

その他の樹木畑

その他の樹木とは、きり、はぜ、こうぞ、庭木などをさし、これらを栽培しているところの記号です。樹木畑を上から見たときの形が記号のもとになっています。この記号は2013年から使われなくなりました。

古戦場

古戦場の地図記号は、2本の刀を交差させた形をしています。昔、有名な戦いが起こった場所をあらわすのに、この記号を使っていました。1960年から使われなくなりました。

銀行

銀行のもととなった江戸時代の「両替商」が使っていた、はかりに使う金属のおもり「分銅」の形からこの記号が生まれました。この記号は1955年から使われなくなりました。

都道府県庁

外側の線は太く、内側の線は細い楕円の二重丸です。都道府県庁の記号は、明治時代から使われてきましたが、1965年から使われなくなり、文字であらわすようになりました。

※このページでは、国土地理院が定めた「平成25年2万5千分1地形図図式（表示基準）」に、掲載されていない地図記号を紹介しています。

監修　　　一般財団法人日本地図センター

1972年設立。2012年一般財団法人化。地図や地理空間情報をもっと活用して、人々の暮らしがより実り多いものとなるようにと、国土地理院の地図・空中写真の複製頒布のほか、地図や地理空間情報の収集、提供、調査研究、普及活動、（公財）国土地理協会と共催で地図地理検定などを行っている。月刊誌『地図中心』、書籍『日本の山岳標高1003山』、『地図地理検定（一般）過去問集100』などを発行している。

編著　　　　　オフィス303
編集協力　　　石川実恵子
装丁　　　　　中富竜人
本文デザイン　オフィス303（松川 ゆかり）
写真　　　　　PIXTA、iStock、photolibrary
地図　　　　　国土地理院「電子地形図25000」

教科書にでてくる地図記号 ①

まちでみかける地図記号

2018年　11月30日　第1刷発行
2019年　10月10日　第2刷発行

発行者：中村 宏平
発行所：株式会社ほるぷ出版
〒101-0051　東京都千代田区神田神保町3-2-6
TEL 03-6261-6691　FAX 03-6261-6692
http://www.holp-pub.co.jp

印刷：共同印刷株式会社
製本：株式会社ハッコー製本

NDC 290　　297×225ミリ　24 p
ISBN 978-4-593-58807-7 Printed in Japan

落丁・乱丁本は、購入書店を明記の上、小社営業部までお送り下さい。送料小社負担にて、お取り替えいたします。